HISTOIRE
DE LA LARME SAINTE DE NOSTRE SEIGNEUR JESUS-CHRIST
REVERÉE DANS L'ABBAYE DE S. PIERRE LEZ SELINCOURT, ORDRE DE PRE'MONTRE', *AU DIOCESE D'AMIENS.*

Avec un Instruction pour faire un bon usage des larmes, & quelques Oraisons propres à s'exciter à la Penitence.

Et à la fin sont plusieurs Miracles operez de Dieu en faveur de ceux qui ont visité & humblement adoré cette Larme précieuse de JESUS.

Par le Reverend Pere JACQUES LE MERCHIER, Chanoine Regulier Profez de ladite Abbaye, & Prieur-Curé de la Marond...

Seconde Edition. M. DCC. XXV.

1725

AVIS AU LECTEUR.

COmme dans ce petit Ouvrage, ami lecteur, je n'ay d'autre dessein que de nourrir la pieté des Fideles, j'ay retranché dans cette seconde Edition, ceque j'avois inserre dans la premiere, touchant la fondation de l'Abbaye, me reservant avec la permission des Superieurs, d'en faire imprimer un Receüil separé & particulier.

INSTRUCTION
AUX PELERINS.

On ne peut aſſez loüer, chers Pelerins; le zele ardent avec lequel vous allez reverer, dans l'Abbaye de S. Pierre lez Selincourt, une des Larmes que Nôtre-Seigneur Jesus-Christ a bien voulu répandre pour nos pechez. Mais croyez chers Pelerins que comme cette Larme divine ne fait part de ſes faveurs, qu'aux ames plongées dans les pleurs, vous devez (ſi vous luy voulez faire une offrandre agreable) luy preſenter des larmes, mais des larmes de douleur & de regret, d'avoir tant de fois offenſé celuy, des yeux ſacrez duquel elle eſt amoureuſement ſortie; J'oſe vous aſſûrer, chers Pelerins, que luy donnant pour vôtre preſent des larmes de cette qualité, vous obtiendrez infailliblement l'enterinement de vos Requêtes, & l'accompliſſement de vos vœux: Au lieu que ceux qui vont faire ce Perelinage plûtôt pour prendre l'air & délaſſer leur eſprit, que pour adorer veritablement cette précieuſe Relique, ne reſſentiront tout au plus que leur divertissement premedité.

Allez chers Pelerins, allez rendre vos adorations à cette riche perle du Ciel, formée au plus profond du cœur de nôtre aimable Jesus: Allez, dis-je, vous qui n'avez d'autres entretiens dans le chemin ny d'autres pensées, quand vous estes arrivez en ce lieu, que de pleurer vos pechez, & d'un cœur contrit & humilié en demander pardon à nostre divin Maître, que vous avez obligé de pleurer tant de fois pour vous. Ces Larmes de componction attireront sans doute sur vous les benedictions du Ciel & le recouvrement, non seulement de la vuë spirituelle, mais même de la vuë corporelle, dont la perte n'est bien souvent qu'une suite de l'aveuglement de l'esprit.

O aveuglement prodigieux des hommes! Mondains que vous estes coupables devant Dieu, de si mal employer vos larmes: Vous gemissez pour la perte de vos enfans ou de vos amis, vous estes inconsolables pour la perte de quelque bien temporel & passager; vous ne pleurez pas, que dis-je vous ne jettez aucun soupir pour avoir perdu vostre ame.

Ah! Que la Madelaine a bien mieux menagé ses pleurs! ses yeux luy avoient servi comme autant de miroirs ardens pour brûler les cœurs de tous ceux pour qui elle avoit quelque tendresse, & de ses mêmes yeux elle a fait couler des torrens de larmes, qui ont servis pour nettoyer les taches de son ame, & dissiper les tenebres de son esprit.

Un grand homme reflechissant sur la Conversion de cette sainte Penitente, & voyant l'effet de ses larmes, dit ces belles paroles; *Les larmes dit-il ne demandent pas pardon, & neanmoins elles le meritent, elles ne disent mot, & elles obtiennent pourtant misericorde*; la raison en est, que bien souvent les paroles n'expliquent pas assez les sentimens du cœur, au lieu que les larmes font voir à découvert jusqu'à quel point peut aller son affection; affection bien recompensée, puisque cette illustre Sainte a merité d'estre la dépositaire des propres larmes de son divin amant Jesus. David a pleuré, & ses larmes luy ont sauvé la vie avec son Etat; Ezechias a versé des larmes, & elles ont suspendu de 15. ans l'Arrest de sa mort; S. Pierre a pleuré, & a obtenu le pardon de son offense.

Voila chers Pelerins, les larmes que Dieu pose devant son Thrône & que S. Chrisostome appelle un second Baptême, c'est, dit Cassian, les viandes royales des ames, la force des sens, l'absolution des pechez, le contentement des esprits, & l'eau salutaire où les crimes sont affacez. O Larme tirée d'un cœur contrit & humilié, s'écrie S. Jerosme, que vous estes puissante, c'est à vous de regner puisque vous avez assez d'hardiesse, pour paroître toute seule devant un Juge infiniment juste, aussi obtiendrez-vous l'effet de vos demandes, vous fermez la bouche à tous ceux qui auroient assez de temerité pour vous accuser, souvent vous forcez le Juge de prononcer en vostre faveur, vous remportez la victoire sur un invincible, & contraignez pour ainsi dire le Tout-Puissant; *Vincis invincibilem, ligas Omnipotentem.*

Loin d'icy ces larmes répanduës pour la privation des biens dont elles ne peuvent jamais nous remettre en possession; mais au contraire, versons en pour la perte du Paradis, puisqu'elles peuvent nous en redonner la joüissance; s'il est vrai, chers Pelerins, (comme il n'en faut pas douter) que les larmes de douleur & de regret d'avoir offensé Dieu, sont d'un prix inestimable, & que par leur moyen, nos Prieres & nos vœux sont reçûs au Tribunal de la divine Majesté, pleurons l'engagement & l'affection que nous avons au peché, approchons-nous du

Sacrement de Penitence avec un cœur contrit & baigné de larmes pour nous reconcilier avec nostre aimable Sauveur, luy promettant veritablement que dorénavant, puisque l'énormité de nos crimes l'a obligé de les pleurer, nos yeux ne serviront qu'à nous donner des torrens de larmes pour les laver & effacer.

Allons nous prosterner devant la Larme adorable du Fils de Dieu, & y pleurons nos pechez, qui l'ont tiré & de ses yeux & de son cœur tremblant à la vûë des perils où nos fautes nous exposent, & ne cessons durant nostre vie de verser des larmes, pour éviter d'en repandre aprés nostre mort pendant toute une éternité, c'est le sujet des vers suivans.

Qui que tu sois pecheur, considere les Larmes,
Que Jesus a daigné de répandre pour toy,
Fremis de voir pleurer, ce Dieu qui plein de charmes,
Pour te sauver t'impose une si douce Loy.

Pour te mettre à l'abry des secretes alarmes,
Qui causent dans ton cœur un continuel effroy,
Abandonne satan, & ses funestes armes,
Et te soumets en tout, à ton unique Roy.

Quoy te voir au moment d'un éternel naufrag
Au départ imprevû de ce douteux rivage,
Sans lever vers le Ciel tes yeux baignez de ple
Quel déplorable état, & quelle triste attent

Tu dois avoir un jour, car les derniers malheurs
ſuivront aſſûrément, ton ame impenitente.

Nous ſerons facilement convaincus, chers Pelerins, qu'on ne doit pleurer que pour ſes pechez, ſi nous conſiderons attentivement que Jeſus-Chriſt n'a verſé des larmes que pour noſtre ſalut, il a pleuré en ſa naiſſance pour marquer aux hommes l'horreur de leurs pechez, dont il ſe chargeoit en prenant la nature humaine; il a pleuré ſur la Ville de Jeruſalem pour déplorer le malheureux état de ſes Citoyens, qui ont negligé de reconnoître cequi leur pouvoit apporter la paix: Il a verſé des larmes en reſſuſcitant le Lazare mort & enſeveli dans le tombeau depuis quatre jours, pour apprendre au pecheur, qui vieillit dans ſes crimes par des habitudes inveterées, combien il luy eſt difficile de rompre ſes chaines; il a enfin répandu des pleurs à ſa mort pour marquer à Dieu ſon Pere, au nom de tout le genre humain, une douleur ſenſible des pechez, dont il s'eſtoit bien voulu faire caution pour tous les hommes; Il a enfin pleuré nos diſgraces, & jamais les tourmens qu'il enduroit pour nous.

Il n'a pas même voulu qu'on pleurât ſes peines; *Nolite flere ſuper me, ſed ſuper vos*, ne pleurez pas ſur moy, dit cet aimable Sauveur, mais pleurez ſur vous & ſur vos enfans, je n'ay pas beſoin de vos larmes, reſervez-les pour vous mêmes, d'autant que ſi je ſouffre tant de tourmens pour m'eſtre chargé de vos pechez, que ſera-ce de vous, en qui ces pechez vivent & habitent; *Si in viridi quid in ſicco*, en effet ſi l'ardeur des ſouffrances a ſemblé s'attacher à ce bois verd rempli de ſeve de l'innocence & de la grace, que deviendrons-nous, nous qui ſommes un bois ſec penetré de l'aridité du peché, ſi nous ne répandons des larmes pour détruire cette ſechereſſe criminelle.

Pleurons donc, chers Peſerins, pleurons nos imperfections & nos delicateſſes, *beati qui lugent quoniam ipſi conſolabuntur*, Pleurons & ſoupirons ſans ceſſe pour pouvoir obtenir ces conſolations éternelles que Dieu reſerve à ſes élus dans tous les ſiecles des ſiecles, où je ſupplie la divine bonté de nous conduire. Ainſi ſoit-il.

HISTOIRE
DE LA S^{TE} LARME.

CHAPITRE PREMIER.

JESUS a pleuré plusieurs fois durant sa vie mortelle.

NOus lisons dans les saintes Ecritures que Nôtre Seigneur Jesus-Christ a plusieurs fois répandu des larmes pendant sa vie mortelle, il a pleuré en sa naissance, *primam vocem similem omnibus emisit plorans*, dit le Sage, la premiere voix qu'il a poussé a esté semblable a celle de tous les hommes, en pleurant. *Vagit infans inter arcta conditus præsepia*, il pleure enfant dans une Creche. Il a pleuré sur la Ville de Jerusalem, *videns Civitatem flevit super illam*, jettant les yeux sur la ville, il pleura sur elle. Il a pleuré à la mort, *cum clamore valido*, dit S. Paul, *& lacrimis offerens*; offrant avec un grand cri & avec larmes ses prieres & ses supplications, enfin le Disciple bien aimé nous assûra au Chapitre onziéme de son Evangile que ce divin Sauveur a versé des larmes en Bethanie lors qu'il y ressuscita Lazare, mort & enseveli dans le tombeau depuis quatre jours, *lacrimatus est Iesus.* Et c'est du nombre de ces larmes répanduës en Bethanie, que l'on croit estre celle dont j'écris l'histoire.

CHAPITRE II.

Les Larmes de JESUS *sont les gages precieux de son amour, elles sont de couleur rougeatre ; Pourquoy ?*

LEs Juifs voyans pleurer le Sauveur du monde sur le tombeau de Lazare, jugerent combien il l'aimoit, *ecce quomodo amabat eum.* En effet les larmes sont des marques sensibles de l'amour, non seulement dans l'ordre de la nature, mais encore dans celuy de la grace ; Dans le premier nous pleurons la mort de nos parens, pour qui nous avons de la tendresse, nous pleurons la privation des biens & des honneurs, pour lesquels nous avons de l'affection ; & dans le second, un veritable penitent verse des larmes pour la perte de son Dieu qu'il aime de tout son cœur, nous voyons même nostre divin Jesus aimer si ardemment le salut des hommes, qu'il pleure, les voyant perdus par les pechez, comme l'amour de cet aymable Sauveur est tout extraordinaire ; aussi les larmes qui en proviennent sont toutes extraordinaires estant melées de sang, & voicy quelle en peut estre la raison. L'amour de Jesus est infini quant à sa Divinité, & par consequent le plus parfait que l'on puisse comprendre, & ce qu'il y a d'humain en luy voulant correspondre de tout son pouvoir a cet amour, son cœur fait des efforts si grands qu'il fremit, & se trouble en telle sorte, qu'il laisse aller des gouttes du plus pur sang qui l'anime, parmi les larmes qui sortent de ses yeux, & ce mélange si misterieux a rendu ces larmes de couleur rougeatre, comme l'on peut remarquer par celle que nous avons toûjours presente à nôtre veüe.

Chapitre III.

Des Larmes de Jesus *receuillies par les Anges, & données à Sainte Marie Madelaine*

Les Larmes d'un veritable Penitent rejoüissent le Ciel, dit S. Luc, elles sont les delices des Anges, dit S. Bernard, *Deliciæ Angelorum sunt lacrimæ nostræ, & delectabiles lacrimæ pœnitentis*, Dieu même en fait un si grand cas, qu'il les pose devant son Thrône pour en faire l'objet de ses complaisances, *posuisti*, dit David, *lacrimas meas in conspectu tuo.* Or comme ces larmes d'une veritable contrition sont si précieuses, & si avantageuses pour le salut des ames; Jesus-Christ a voulu, pour exciter les Fideles à en repandre avec plus d'abondance, exposer les siennes à la veüe des hommes : En effet la tradition nous apprend que Nôtre-Seigneur permit aux Anges de recueillir ses Larmes dans des petits chalumeaux de cristal tres pur ; & de les donner à Ste. Marie-Madelaine sœur de Lazare, pour par elle estre communiquées à toute l'Eglise.

Voilà sans doute cette fontaine sacrée que le Prophete Jeremie desiroit avec tant d'ardeur, disant du profond de son cœur, *Quis dabit capiti meo aquam, & oculis meis fontem lacrimarum, & plorabo, die ac nocte* ; Voila cette pluye volontaire que Dieu a bien voulu donner à son heritage, pour la rendre capable de produire des fruits dignes de la vie éternelle, *pluviam voluntariam segregabis Deus hæreditati tuæ*, & enfin voila ce divin breuvage dans de petites mesures, promis depuis si long tems par le S. Esprit, pour servir d'antidote aux hommes contre le venin subtil du peché, *potum dabis nobis Domine, in lacrimis in mensura.* Psalm. 79. Le Fils de Dieu expose ses playes à la veüe des fideles, pour leur apprendre à souffrir, & il a voulu aussi exposer ses larmes à la veüe des pecheurs, pour leur apprendre à pleurer leurs iniquitez.

CHAPITRE IV.

Les Larmes de JESUS apportées en Provence par Sainte Marie-Madelaine.

IL est vray que nous n'avons rien de certain touchant la Translation des larmes de Nôtre-Seigneur en Provence, mais on tient par tradition, 1°. Que Ste. Marie-Madelaine les a toûjours conservées comme un dépôt sacré qui luy avoit esté confié par le ministere des Anges. 2°. Qu'elle les serra si adroitement quand son frere Lazare, sa sœur Marthe, & elles furent chassées de leur pays par les Juifs, en haine de Jesus-Christ, dont tous trois publioient hautement la divinité, qu'elle les apporta en en Provence, où elle les a gardé jusqu'à sa mort. 3°. Que cette divine amante du Sauveur les mit quelques jours avant sa mort entre les mains de S. Maximin Evêque d'Aix, en Provence, qui les reçut avec beacoup de respect, & les laissa ensuite à ses Successeurs, comme un des plus riches joyaux de son Eglise.

CHAPITRE V.

Les Larmes de JESUS transferées de Provence à Constantinople.

L'Eglise a esté persecutée dés son berceau, & elle n'a pû avoir la liberté l'offrir publiquement à ſon divin Epoux, l'agreable encens de ſes Prieres qu'au commencement du quatriéme ſiecle, ſous l'empire du Grand & pieux Conſtantin : Ce Prince & Ste. Helène ſa mere ayant embraſſé la Religion Chrêtienne, donnerent tous deux par toute la terre des marques ſenſibles de leur pieté. Ste. Helène alla en Jeruſalem chercher la Croix ſur laquelle N. S. a conſommé l'œuvre de noſtre ſalut, & par un ſecours tout particulier du Ciel, elle la trouva, & aprés avoir fait bâtir pluſieurs Egliſes, tant ſur le Calvaire que dans Jeruſalem, & autres lieux, elle retourna à Rome chargée d'une partie du precieux tréſor qu'elle avoit miraculeuſement recouvré ; on tient qu'à ſon retour elle ſçût que les Larmes du Fils de Dieu eſtoient gardées ſecretement en Provence & qu'elle les attira à elle, pour, comme une ſeconde amante de Jeſus-Chriſt, en faire l'objet de ſes devotions.

Le Grand Conſtantin de ſon côté donna par ſes Edits la liberté aux Miniſtres du Sauveur d'offrir par tout le Sacrifice de la Meſſe, il fit édifier une infinité de belles Egliſes, qu'il dota & enrichit de vaiſſeaux d'or, d'argent, & pour comble de ſon affection pour noſtre Religion, il laissa au Pape S. Silvestre, si nous en croyons celuy qui a recueilly la vie des Saints & à ses Successeurs, la Ville de Rome pour y établir leur Siege, & choisit celle de Bizance, depuis appelée de son nom Constantinople, ou Ville de Constantin pour estre le thrône de son Empire.

C'estoit bien de l'honneur à la nouvelle Constantinople de renfermer dans son enceinte le thrône du plus vaste Empire de l'Univers, mais le comble de sa gloire fut lors que Constantin y porta les Larmes du Sauveur du monde, lesquelles ce pieux Empereur estimoit estre le plus riche & le plus precieux tresor de l'Eglise, & avec raison, car la Croix, les Cloux, les Epines, &c. n'ont esté sanctifiez que par l'attouchement du Corps adorable de Jesus-Christ, au lieu que les Larmes empourprées de son Sang divin, faisoit partie de son humanité sacrée.

CHAPITRE VI.

L'Empereur Henry donne à Bernard, Seigneur de Moreüil une des Larmes de JESUS CHRIST.

L'An mil deux cens quatre, les François aussi zelez pour l'accroissement de l'Eglise par leur pieté, que redoutables à leurs ennemis par leur force, prirent la Ville de Constantinople, & en même tems

tems Baudoin Comte de Flandres en fut élû & couronné Empereur, comme ayant le plus contribué à une conquête si considerable ; ce Prince non moins vertueux que courageux, s'apliqua d'abord à y faire refleurir nostre Religion avec autant de soin qu'à y affermir le Trône de son Empire ; mais ayant esté fait prisonnier, & ensuite tué malheureusement, il eût pour Successeur en mil deux cens six, Henry son frere, vrai heritier & de sa vertu & de son courage.

L'Empereur Henry ayant donné à l'Eglise son ancien lustre, fit exposer à la veneration des Fideles toutes les Reliques, qui en differens tems avoient esté mises en dépôt dans cette Ville, comme dans le lieu le plus honorable, & le plus assuré de tout l'Orient : Il en trouva un si grand nombre, qu'il prit resolution d'en distribuer une grande partie aux plus vaillans Capitaines des armées, soit pour les recompenser des victoires qu'ils avoient remportées, soit pour qu'estant portées par leur moyen dans tous les endroits de la Chrétienté, elles fussent honorées avec plus de devotion & de zele, soit enfin de crainte que la Ville de Constantinople ne tombant entre les mains des Infideles, ces monumens sacrez ne fussent profanez.

B

par ces impies.

Bernard de Soiſſons, Seigneur de Moreüil en Picardie, eut l'honneur d'eſtre un de ceux qui furent trouvez dignes d'une faveur ſi ſinguliere, car s'eſtant ſignalé par ſa bravoure, tant à la priſe de Conſtantinople, qu'au recouvrement de la Terre ſainte, l'Empereur luy donna une des Larmes de Nôtre-Seigneur Jeſus-Chriſt, qu'il reçût avec une ſatisfaction d'autant plus grande, qu'il eſtimoit ce don precieux au deſſus de tout ce qu'il pouvoit attendre pour recompenſe de ſes glorieux exploits.

CHAPITRE VII.

Le Seigneur Bernard apporte la Ste Larme dans ſa Terre de Moreüil, où il l'a gardé environs trois ans.

BErnard, Seigneur de Moreüil, ravi dans ſon cœur, de poſſeder un don ſi précieux, remercia tres-humblement l'Empereur, prit congé de Sa Majeſté, & partit inceſſamment de Conſtantinople pour retourner en ſon Pays : L'impatience où il eſtoit de faire part de ſon bonheur à ſes Compatriotes, luy fit hater ſes pas, & en peu de tems arriva dans ſa Terre de Moreüil chargé de cette riche dépoüille, il ne fut pas plûtôt entré dans ſon Châceau, qu'il appella ses voisins, ses Proches & ses amis, disant, réjoüissez-vous avec moy, non pas pour une dragme qui avoit esté perduë, mais pour la possession d'une Perle inestimable, il posa cette précieuse Relique dans son Oratoire, pour l'avoir plus facilement presente à ses yeux, & la garda de cette maniere depuis 1206. jusqu'à 1209. luy rendant de jour en jour tout le respect & la veneration possible, soupirant sans cesse à la vûë de cet objet plein d'amour, & ne desirant rien plus que de passer le reste de sa vie à pleurer devant cette divine Larme, qui n'avoit esté repanduë que pour ses pechez : Mais que les desseins de Dieu sont bien differens de ceux des hommes ; ce bon Seigneur se proposoit de borner la veneration de la Ste. Larme à ses respects & à ceux de sa Famille, mais au contraire le S. Esprit disposa son cœur à la mettre entre les mains d'une Communauté Religieuse, pour y estre adorée de tous les cantons du monde. On peut dire en effet que la Providence Divine, toûjours admirable en ses secrets, n'avoit pas tiré de la plus grande Ville du monde ce flambeau celeste pour estre caché sous le boisseau d'un simple Château Seigneuriale, mais pour estre posé sur un des plus illustres chandeliers de l'Eglise ; Oüy quand le Ciel a ôté cette douce & agreable rosée à un Pays que l'infidelité devoit rendre sterile, ce n'a esté que pour en rendre la Chrêtienté plus fructueuse.

CHAPITRE VIII.

Le Seigneur Bernard donne la Ste. Larme aux Abbé & Religieux de S. Pierre lez Selincourt.

BErnard, Seigneur de Moreüil, poussé par une inspiration divine de mettre la Ste. Larme entre les mains de quelques devots Religieux, se mit en prieres dans son Oratoire. & là les larmes aux yeux demanda humblement à Jesus-Christ la grace de luy faire connoître le lieu où sa bonté souveraine vouloit qu'il deposât ce riche & precieux Trésor, qui luy avoit esté confié. Chose admirable ! Il n'eut pas sitôt fini son Oraison, que Dieu, qui est toûjours present à nous écouter, luy declare interieurement que l'Abbaye de S. Pierre lez Selincourt, est l'endroit choisi par sa Providence divine, où jusqu'à la fin des siecles, sa Larme précieuse sera l'objet des adorations de tous les peuples. Que nostre Bernard fut content d'entendre ainsi son Souverain parler à son cœur ! Quelle consolation pour luy

e ressentir en son ame ces flammes ce-
stes, dans un tems semblable à celuy
ù les Apôtres en furent visiblement
emplis ; & comme il estoit persuadé que
s graces du S. esprit ne demandent au-
un retardement, il se dispose aussitôt à
xecuter ces ordres secrets, avec d'autant
lus de joye, qu'il sçavoit que les Reli-
ieux de S. Pierre estoient des modeles
e vertus, faisant le jour & la nuit le
ivin Office avec une modestie angelique,
ans le plus manifique Temple de la
Province.

Ce fut donc l'an 1209. aux fêtes de la
Pentecôte que ce bon Seigneur de Moreüil partit de sa Terre chargé de la Ste.
Larme, pour la déposer en cette celebre
Abbaye, dont la tradition porte, qu'au
moment que ce Seigneur arriva sur les
confins du Terroir, les cloches de l'Eglise
sonnerent toutes, avec une charmante
harmonie, sans autre aide que celle des
Anges, pour par cet évenement miracu-
leux donner lieu à une reception plus
glorieuse de cet inestimable Trésor.

En effet le Seigneur de Moreüil, croyant
qu'à son insçû les Religieux avoient esté
avertis de sa marche, & qu'ils se prepa-
roient pour venir audevant de luy, s'ar-
rêta avec toute sa Compagnie pour les

attendre. D'un autre côté l'Abbé Vuillard, homme d'une vertu distinguée s'entretenoit avec ses Religieux de discours spirituels, & leur faisoit comprendre les consolations interieures que reçoit une ame qui se laisse remplir des dons celestes du S. Esprit, & voila que promptement les cloches sonnerent ; on courut voir ce que c'estoit, & n'ayant vû personne qui y mit la main, l'Abbé estima qu'il y avoit de l'extraordinaire & que Dieu leur promettoit par là quelque avantage ; en cette pensée il fit preparer la Procession, & s'estant revetu de ses habits Pontificaux, la Mitre en tête, & le baton pastoral à la main, accompagné de tous ses Religieux, sortit du Monastere, s'avançant du côté que Dieu luy inspiroit, à peine eurent-ils cheminé un petit quart de lieu, qu'ils rencontrerent le Seigneur de Moreüil, qui tenoit entre ses mains la Larme Sainte du Sauveur du monde, & ce Seigneur ayant en peu de mots declaré ses intentions à l'Abbé, il luy donna cette Larme venerable, pour la placer dans son Abbaye, comme en un lieu choisi de Dieu pour cet effet.

L'Abbé ayant reçû ce don précieux des mains de ce devot Seigneur, se prosterna à genoux, adora avec une humilité pro-

nde cette Relique divine, la baisa &
appliqua sur les yeux, qui à l'approche
e cette Larme sacrée, verserent un ruis-
au de larmes, il la donna pareillement
baiser aux Religieux & aux assistans,
ui tous fondirent en pleurs, à la veüe
une faveur si singuliere : Ensuite le
ieux Abbé & les Religieux suivis du
eigneur de Moreüil & de sa compagnie
etournerent au Monastere, chantans des
Iymnes & des Cantiques, pour loüer
benir le Seigneur Dieu Tout Puissant,
ui se rend toûjours Saint en ses œuvres,
admirable en l'éclat de sa Majesté.

CHAPITRE IX.

La Larme de JESUS *placée dans l'Abbaye & conservée, nonobstant la ruine de ladite Abbaye.*

LA Ste. Larme estant placée dans l'Abbaye de S. Pierre, comme dans un lieu destiné du Ciel pour y recevoir les hommages des fideles, chacun court pour y obtenir des faveurs, un nombre infini de languissans se trouvent miraculeusement gueris, il s'y forme un pelerinage celebre, & notamment aux Fêtes de la Pentecôte, on y érige une venerable & saluraire Confrerie, pour me servir des termes de Guillaume Evêque & Comte de Noyon, a l'honneur de cette Larme divine, & le Pape Clement sixiéme de ce nom, d'heureuse memoire l'honore d'un épanchement des Trésors de l'Eglise par des Indulgenes qu'il y accorde l'an 1347.

Cette celebre Abbaye de S. Pierre a demeuré dans sa splendeur depuis sa fondation faite par Tres-Haut & Puissant Seigneur Gautier du Tirel, troisiéme de ce nom, Prince de Poix & Dame Fide de Selincourt son Epouse, à la priere du Bienheureux Milon de Selincourt, Abbé de S. Josse au Bois ou Dommartin, l'an 1130. Jusqu'environ l'an 1446. auquel tems les Religieux ne furent pas seulement outragez par les Gens de guerre qui ravageoient tout le Pays, mais même l'Eglise & les autres Edifices de cette Abbaye, furent consumez malheureusement par le feu, en telle sorte qu'il ne resta que les murailles & une partie de la voute particulierement au Chœur, c'est ce qui contraingnit alors l'Abbé & les Religieux d'abandonner leur Monastere, avec d'autant plus de douleur, qu'ils voyoient par leur fuite, ce S. lieu exposé à toutes sortes de profanations, ce qui donna plus d'embarras d'esprit à ces bons Religieux; fut de trouver un moyen seur de conserver la Ste Larme, mais Dieu

qui

qui se trouve toûjours favorable à ceux qui l'invoquent dans la sincerité de leur cœur, les inspira de mettre cette Ste. Relique dans une pierre de la voute du chœur, où aprés plus de vingt ans que l'Abbaye a esté deserte, elle a esté trouvée dans le même état qu'elle y avoit esté mise.

CHAPITRE X.

La Ste. Larme portée dans les Villes, Bourgs & Villages pour exciter les Fideles à faire aumône aux Religieux.

LEs Guerres estant finies, l'Abbé & les Religieux retournerent dans leur Maison toute desolée, & avec l'aide de quelques personnes charitables, firent reparer le Cloître, le Chœur de l'Eglise & le clocher; ils n'avoient pas moins d'empressement de reparer la Nef de l'Eglise, & les autres lieux démolis, mais ne pouvant subvenir à une dépense si considerable sans estre secourus des aumônes des Fideles, l'Abbé Guillaume Matifas, s'avisa pour y parvenir d'en demander la permission à Reverend Pere en Dieu Monseigneur Hubert, Abbé & General de Prémontré, & au Chapitre general séant à S. Martin de Laon, qui luy fut accordée le 10. de May 1490. en consequence de laquelle permission, il nomma & constitua ses Procureurs, Quêteurs & Agens, les Reverends Peres, Henry de Soulezmontier Prieur, Curé de la Paroisse de S. Jean prés de Brocourt, & Pierre Raiel, Prêtre, Religieux conventuel de ladite Abbaye & bon Prédicateur, & il les chargea des plus notables Reliques de son Eglise, sçavoir de la Ste. Larme, du bras de S. Pierre, d'une partie du pied de S. André, & de la Ceinture de Ste. Marguetite, pour par l'exposition de ces précieuses Reliques, & des Indulgences données par le Pape Clement sixiéme, exciter les Fideles à faire part de leurs Biens pour le retablissement de ce S. Lieu, & ce par un Acte du 5. Octobre 1490.

Pour mieux réüssir dans la quête que ces deux bons Religieux devoient faire, Messire Jean de Cambrin, Doyen & Chanoine d'Amiens, Vicaire general de l'Illustrissime & Reverendissime Pierre, Evêque d'Amiens, leur en donna la permission, & ordonna aux Abbés, Abbesses, Prieurs, Prieures, Doyens, Prévôts, Curez & Chapelains du Diocese, de recevoir les Religieux nommez à cet effet, laisser exposer dans leurs Eglises, les Reliques de la susdite Abbaye, sçavoir la Larme de Nôtre-Seigneur Jesus-Christ,

&c. cette permiſſion eſt en parchemin dattée du 21. Octobre 1490.

L'Illuſtriſſime & Reverendiſſime Monſeigneur Guillaume, Evêque & Comte de Noyon, Pair de France voulant donner des marques de ſes bontez aux Abbé & Religieux de S. Pierre lez Selincourt, leur accorda auſſi la permiſſion d'aller par tout ſon Dioceſe expoſer la Larme ſainte de Nôtre-Seigneur Jeſus-Chriſt & les autres Reliques, avec ordre à tous les Abbez, Abbeſſes, Prieurs, Doyens, Chapitre, Curez & Chapelains, de les recevoir favorablement, & les faire recevoir par ceux qui leur ſont ſoumis, leur permettre de publier les Indulgences & graces à eux accordez, comme auſſi la venerable & ſalutaire Confrairie, à l'honneur & veneration de la tres-ſainte Larme de Nôtre-Seigneur Jeſus-Chriſt établie dans l'Abbaye de S. Pierre, cette Permiſſion eſt en parchemin dattée du 25. Novembre 1498.

CHAPITRE XI.

La Meſſe propre à l'honneur de la Ste. Larme.

LA Meſſe propre à l'honneur de la Ste. Larme inſerée dans le Meſſel de l'Ordre de Prémontré, n'eſt point nouvelle, elle a pris ſon commencement dans le quatorziéme siecle sous le Pontificat de Clement sixiéme du nom d'heureuse memoire, avec les Indulgences que ce souverain Pontife a accordées en faveur de cette Larme adorable, cette Messe se celebroit en manuscrit, & ellea esté dans la suite imprimée dans les premiers Missels de l'Ordre de Prémontré, comme il se voit par celuy imprimé à Paris l'an 1508. par Vuolffgange Hopilie, & Thielman Kerver, Libraires de l'Université de Paris.

L'ancienne coûtume estoit comme elle est encore à present de dire cette Messe propre tous les ans, le Mercredy dans l'Octave de la Pentecoste, en memoire de ce qu'a pareille jour la Ste. Larme avoit esté donnée à l'Abbaye: On la disoit aussi dans le cours de chaque année, lors que les Fideles vouloient obtenir de Dieu quelque soulagement en leurs infirmitez. Pour preuve de cecy il ne faut que lire les Actes anciens de l'Abbaye, & particulierement celuy d'un pieux & devot gentilhomme, dont voicy la copie.

Moy Nicolas Manant, Ecuyer, Seigneur de [illegible], estant émeu de devotion envers Dieu mon pere Createur, & sa tres-sainte Larme, estant de present en l'Eglise de l'Abbaye de S. Pierre lez Selincourt, je certifie avoir donné, & de present je donne aux Religieux

& Convent dudit lieu, un Teston valeur de douze sols que je promets payer par chacun an à la seconde Feste de Pentecôte prochaine que l'on dira 1564. & ainsi continuer d'an en an, tous les ans de ma vie, & moyennant icelle susdite aumône de douze sols, les Prieur & Religieux ont promis en parole de gens de bien dire, & celebrer une Messe de Ste. Larme à l'intention de moy & de mes parens & amis, tant trepassez que vivans. Fait audit lieu de S. Pierre le cinq Decembre 1563.

CHAPITRE XII.

Renouvellement de l'ancienne Confrairie de la Ste. Larme avec Indulgence pleniere.

NOstre S. Pere le Pape Alexandre septiéme de ce nom d'heureuse memoire, ayant esté informé de la Confrairie établie dans l'Abbaye de S. Pierre lez Selincourt, sous l'invocation de J. C. ressuscitant Lazarre de Bethanie, dont les Confreres & Consœurs ont accoûtumé d'exercer plusieurs œuvres de pieté & de charité, a bien voulu, afin que cette Confrairie croisse de jour en jour en devotion, accorder à tous les Confreres & Consœurs, qui confessez & communiez, visiteront l'Eglise de ladite Abbaye la seconde Feste de la Pentecôte, une Indulgence Pleniere de leurs pechez, comme pareillement les jours des Festes du S. Sacrement, de S. Pierre & S. Paul, de S. Joseph & de l'Assomption de la tres-sainte Vierge, cette Bulle est en parchemin dattée du 12. Novembre 1660. l'an sixiéme de son Pontificat. Elle commence par ces mots. *Cum sicut accepimus, &c.* Au bas de cette Bulle est l'approbation de l'ordinaire, en ces termes, *Carolus Houlon, &c. Visis præsentibus Indulgentiarum litteris, &c. Illas approbavimus & approbamus, Mandantes omnibus, &c. Datum Ambiani anno Domini 1661. die 25. mens. Maii. Signatum*, GUILLE. La Bulle susdite a esté publiée dans tout ce Diocese, & particulierement dans les Paroisses és environs de l'Abbaye, les Peuples y ont esté en foule aux Festes de la Pentecôte, & y vont encore par chacun an, pour participer aux Trésors de l'Eglise misericordieusement répandus en faveur de la Larme précieuse de Nôtre-Seigneur Jesus-Christ, aussi recoivent-ils tous les jours des marques sensibles de la bonté de Dieu par plusieurs guerisons miraculeuses qui s'y operent à la grande consolation d'un chacun.

STATUTS ET REGLEMENS DE LA CONFRAIRIE DE LA Ste. LARME.

1. TOutes ſortes de perſonnes de l'un & de l'autre ſexe de bonne vie, mœurs, pieté & probité, pourront entrer & ſe faire entrôler en ladite Confrairie.

2. Le Secretaire de la Confrairie aura un Livre blanc pour écr.re les noms & qualitez des Confreres & Conſœurs, & chacun aumônera ce qu'il luy plaira ſans aucune obligation.

3. Ils feront prieres à Dieu, au moins deux fois le jour, au ſoir aprés les prieres ordinaires & accoûtumées, ceux qui ſçavent lire reciteront devotement à genoux les Litanies de la tres-ſainte Vierge pour tacher d'obtenir par ſon interceſſion une bonne mort, tant pour eux, que pour tous les Confreres & Conſœurs de ladite Confrairie, & ceux ou celles qui ne ſçavent pas lire reciteront pareillement à genoux cinq fois, *Pater noſter*, & cinq fois, *Ave Maria*, *&c.* à cette même intention.

4. ils garderont & obſerveront diligemment les Ss, Commandements de Dieu

& de l'Eglise, &c. pratiqueront les œuvres de misericorde spirituelles, & corporelles secourans & aidans de leurs Conseil, faveurs & commodités, les pauvres honteux, malades, les personnes affligées & depourvûes de secours, specialement les Confreres & Consœurs, procurans sur tout que les Ss. Sacrements leur soient administrez, & que les pauvres défunts soient honnêtement inhumez.

5. Ils procureront de tout leur pouvoir que les Dimanches & Festes commandez par la Ste. Eglise, toute leur famille assiste à la Messe & aux Vêpres, & tant que faire se pourra aux Prédications & Catechismes, &c apportant le même soin à l'endroit de leurs serviteurs & servantes.

6. Arrivant le decés de quelque Confrere ou Consœur de ladite Confrairie, chacun en particulier priera Dieu pour le repos de son ame, & les Messes ou Perelinages vouez & promis par lesdits défunts seront acquittez le plûtôt que faire se pourra.

Tous lesquels Reglemens & Statuts, nous Charles Houlon, Prêtre licentié, és loix, Préchantre de l'Eglise Cathedrale d'Amiens, Conseiller Clerc au Bailliage & Siege Présidial d'Amiens, Vicaire general au spirituel & temporel de Monseigneur l'Illustrissime & Reverendissime

Evêque d'Amiens, ayons approuvé & confirmé, approuvons & confirmons, enjoignons aufdits Confreres & Confœurs de les garder & obferver tres exactement; aufquels Statuts lefdits Confreres & Confœurs ne pourront adjoûter ny diminuer fans la permiffion de mondit Seigneur ou de fes Grands Vicaires, à la charge que les aumônes & préfens qui fe feront à l'occafion de l'ingreffion en ladite Confrairie, ou par devotion defd. Confreres & Confœurs, ne feront employez, finon à la decoration de l'Eglife, l'enrichiffement du Reliquaire de la Ste. Larme. En témoin de quoy nous avons fait figner ces Prefentes par le Secretaire ordinaire de l'Evêché. Donné à Amiens le vingt-troifiéme jour de May 1661. *signé*, GUILLE, & fcellé du grand Sceau.

PRIERE POUR OBTENIR la guerifon de la veüe.

O Divin Jefus vrayë lumiere de mes yeux, qui avez fans ceffe les bras ouverts pour recevoir le pecheur à pardon, autant de fois qu'il pleurera fes offenfes, je confeffe devant voftre Majefté Souveraine que je fuis remplis de vices & d'imperfections, je reconnois même à ma confusion que ces infirmitez corporelles, qui me font recourir à vous, & venir en ce lieu honorer la Larme précieuse que vous avez répanduë pour mes pechez, ne sont qu'un effet de mes ingratitudes; Il est vray, mon Dieu, & je l'avouë, mais souffrez que ma misere fasse pitié à vôtre misericorde, benissez mon Pelerinage, entendez mes soupirs, exaucez la voix de mon cœur qui vous parle par mes yeux, & répandez sur moy les merites de vos Larmes par l'épanchement de mes pleurs: Accordez-moy s'il vous plait,, ô mon Dieu, la guerison de ma veüe, afin que je sacrifie dorénavant l'usage de mes yeux, à l'honneur de vostre service, & à l'avancement de mon salut. Ainsi soit-il.

Il sera bon aussi de reciter les Litanies suivantes.

Litanies de la tres précieuse Larme de Nôtre Seigneur JESUS-CHRIST.

KYrie eleïson,
Christe eleïson,
Christe audi nos,
Christe exaudi nos.
Pater de cœlis Deus, miserere nobis.
Fili Redemptor mundi Deus, miserere.
Spiritus sancte Deus, miserere nobis.

Jesu Fili Mariæ, miserere nobis.

A cœcitate mentis. Libera nos Jesu.

Ab induratione cordis.

Per lacrymabilem illam vocem in nativitate tua emissam.

Per lacrymas illas amoris quas in Lazari tui amici resurrectione effundere dignatus es.

Per lacrymas commiserationis, quas super populum Hierosolimitanum effundere dignatus es.

Per lacrymas quas in ligno salutifero Crucis pro nobis effudisti.

Libera nos Jesu.

Per acerbissimos dolores passionis tuæ.

Per amarissimum salutiferæ Crucis tuæ supplicium. Libera.

Peccatores. Te rogamus, audi nos.

Ut Ecclesiam tuam suavissimo lacrymarum tuarum rore, irrigare & conservare digneris.

Ut Domnum Apostolicum & cunctos Ecclesiasticos Ordines per lacrymarum tuarum merita custodire digneris.

Ut Regem nostrum Ludovicum & cunctum populum Christianum, à cæcitate mentis & corporis lacrymarum tuarum effusione tueri digneris.

Ut Ecclesiæ Sti. Petri Selincurtensis Canonicos, pretiosæ tuæ Lacrymæ custodes, in via mandatorum tuorum,

Te rogamus, audi nos.

& verà pietate conservare digneris.

Ut devotorum Lacrymæ tuæ peregrinorum preces & vota exaudias.

Ut nostrûm omnium tenebras mentis & corporis suavissimo Lacrymæ tuæ osculo dissipes.

Ut peccatorum corda indurata fortiter pungere digneris.

Ut veram iniquitatum nostrarum compunctionem in cordibus nostris excites.

Ut nos pœnitentes & lacrymantes exaudire digneris.

Ut ad vitam æternam Lacrymæ tuæ meritis, nos perducas.

Te rogamus, audi nos.

Jesu spes nostra,

Jesu refugium nostrum,

Jesu merces nostra.

Agnus Dei qui Tobiam cum lacrymis orantem exaudire dignatus es. Parce nobis Jesu.

Agnus Dei qui Magdalenam peccatricem, lacrymis suis pedes tuos irrigantem, & capillis suis tergentem exaudisti. Exaudi nos Jesu.

Agnus Dei, qui Apostoli tui Petri amare flentis lacrymas respicere dignatus es. Miserere nobis.

Répons à l'honneur de la Ste. Larme.

POsuisti, Domine, iniquitates nostras in conspectu tuo, sæculum nostrum in illuminatione vultus tui, ideo defecit in dolore vita tua, & anni tui in gemitibus.

℣. Domine ante te desiderium meum, & gemitus meus a te non est absconditus. Ideo defecit in dolore vita tua, & anni tui in gemitibus.

Antienne. In diebus carnis suæ Christus Jesus preces, supplicationesque cum clamore valido & lacrymis offerens, exauditus est pro suâ reverentiâ.

℣. Illumina lucernam meam Domine.

℟. Deus meus illumina tenebras meas.

Oraison.

MEntes nostras & corpora nostra quæsumus, Domine, luce tuæ claritatis illustra, & cordibus nostris gratiæ tuæ lumen ostende. Per Dominum nostrum Jesum Chistum Filium tuum, qui tecum vivit & regnat in sæcula sæculorum. *Amen.*

MIRACLES ARRIVEZ A DIVERSES PERSONNES

QUI ONT HONORÉ ET VISITÉ

LA Ste. LARME.

IL n'y a perſonne, qui voyant le mouvement continuel de la Ste. Larme, ſans aucune alteration ni diminution, ne s'eſtant jamais ſechée pour les chaleurs de l'eſté, ni gelée pour les rigueurs de l'hyver, n'avouë que cette divine Larme, eſt un miracle perpetuel, & ainſi il ne ſeroit pas neceſſaire de rapporter icy les autres miracles qui ne ſont en quelque façon que les effets de celuy la. Néanmoins pour ſatisfaire quelques ames pieuſes qui m'en ont prié, j'ay tiré de l'Abbaïe quelques extraits des plus modernes, étant preſque impoſſible de les réduire tous par écrit, pour leur grand nombre.

L'an 1618. Me. Loüis Manier, Prêtre, Curé de la Paroiſſe de Verton de ce Dioceſe d'Amiens, ayant perdu la veüe par maladie & fait vœu de viſiter la ſainte Larme, l'a recouvré entierement, ce que ledit Sieur Manier a témoigné & ſigné, le 22. Juillet de ladite année.

Marguerite de la Haye, femme de Josse d'Auiny du Village de Bezancourt de ce Diocese, a recouvré la veüe qu'elle avoit perduë depuis six mois, & ce au même moment qu'elle a promis de faire le Pelerinage de la sainte Larme, ce qu'elle a signé le 23. Juillet 1620.

Loüis le Chien, du Village de Grincourt Diocese de Roüen, âgé de soixante-douze ans avoit perdu la veüe pour la seconde fois, en telle sorte qu'il ne pouvoit faire un pas sans estre conduit, & a esté gueri le lendemain de son vœu à la Ste. Larme, ce qu'il a témoigné le 12. Aoust 1620.

Damoiselle Jeanne Verduzan, femme d'Antoine Jacomel, Ecuyer, Seigneur de Froyel en ce Diocese, estant par maladie devenuë aveugle, eut aussitôt recours au Medecin des Medecins avec promesse d'aller rendre ses adorations à la sainte Larme, ce qu'ayant fait, elle reçût soulagement & vit aussi bien qu'auparavant, ce qu'elle a signé en presence des Demoiselles Marie & Anne Jacomel ses filles, & de Marie Henoult sa fille de Chambre, le 3. Juillet 1632. Et en action de graces, elle a offert à ladite Eglise deux yeux d'argent.

Jacqueline le Cat, Veuve de Nicolas Caron demeurante à Etaple, Diocese de

Boulogne, a ressenti les faveurs de la Ste. Larme six mois aprés avoir perdu la veüe, ce qu'elle a signé le 8. Octobre 1639.

Jeanne Clement, Fille de Noël Clement, Me. Patissier demeurant à Amiens, âgée d'environ sept ans, estant tombée par accident dans le feu, sa veüe a esté jugée perduë par les Chirurgiens qui la pansoient, Noël Clement son pere a promis de faire le Pelerinage à la Ste. Larme & aussi tôt elle a reçû guerison, ce que ledit Clement a signé & Catherine Bigaudet, sa femme, presens Témoins le 22. May 1645.

René de Caulieres Fils aîné de Mre. Charles de Caulieres, Chavalier, Seigneur de Beaufrene, Diocese de Roüen, & de Dame Marie de Runesors s'est blessé à l'œil gauche d'une aléne ou ferment pointu, dont il a perdu la veüe, nonobstant les remedes que luy ont faits appliquer les Medecins de Beauvais, Grandvillers & Neuchatel; Monsieur son Pere fit vœu d'aller visiter la Ste. Larme, du conseil & avis de Monsieur Sourdet, Curé dudit lieu de Beaufrene, & dix à douze jours aprés, ce jeune enfant fut entierement gueri, sans qu'il restat aucune apparence de blessure à l'œil, ce que led. Seigneur a signé en presence dudit Si ur

Curé

Curé, de R. P. Ange Decaules Sous-Prieur de l'Abbaye, & de P. Michel le Cointe, Tresorier Sacristain, & autres Témoins le 13. Juin 1645. Pareille guerison arrivée à anne Bourdet, fille de Jacques Bourdet, dudit lieu de Beaufrene, qui avoit l'œil droit percé d'une épine, ce que le susdit Sieur Curé de Beaufrene & Jacques Bourdet ont declaré & signé le même jour & an que dessus.

Le 5. Juin 1646. Honorable Homme Pierre Gellé Sieur de Hulles, Bourgeois & ancien Mayeur de Doullens, & Damoiselle Marie Courtois son Epouse, voyant que Leonore Gellé leur Fille, âgée d'environ six ans, estoit affligée depuis trois ans d'une fluxion lacrymale à l'œil droit eûrent recours aux remedes ordinaires, & aprés en avoir éprouvé plusieurs, jusques là que les Medecins la jugerent incurable, ils firent vœu à Dieu de visiter la Ste. Larme, où s'étant transporté le premier jour de Septembre audit an, & aprés avoir fait leurs devotions devant la Larme sainte de nostre Sauveur, au même instant la fluxion fut trouvée arrêtée; dont ils ont rendu graces à Dieu, ce qu'ils ont reconnu par un Acte signé de leurs mains pardevant les Notaires Royaux residens à Doullens le 12.

Septembre 1646.

Paquette de Rogi, Femme de Charles Thorel, Receveur de Leully avoit une grosseur au coin de l'œil droit distillante continuellement, dont elle n'a pû estre gueri par les remedes ordinaires, même des plus habilles Operateurs, & particulierement d'un Operateur Italien trés expert, elle s'est trouvée avec beaucoup de devotion à la Ste. Larme, elle l'a visitée avec Foy & Esprance, & elle a reçû une parfaite guerison le 15. Juin 1646. ce qu elle a signé pardevant Jacques Douchet Lieutenant de Leully, Jean Herman, François Flament, & Thorel son Mary, le 20. Mars 1653.

Madelaine Lonquet, Fille de Pierre Longuet & de Marie Hermant demeurans à Villers sur Ailly, ayant l'œil percé d'un coup de couteau, sa mere fit le Pelerinage à la Ste. Larme, & emporta avec elle de l'eau benite dans laquelle on plonge le Cristal qui renferme cette précieuse Relique, & ladite Madelaine s'en estant appliqué dessus les yeux, le second jour cette bonne Fille, s'écria à sa mere qu'elle voyoit parfaitement bien, & qu'elle estoit guerie, & ont signé le 3. Juin 1655.

Françoise Hebert, Femme de François

Prévost de la Ville d'Eu, arriva à l'Abbaye sur le soir avec Michel Prévost son Fils âgé d'environ douze ans, laquelle a assuré que depuis un an, son Fils avoit une fluxion sur les yeux, & que même depuis quinze jours il avoit tout à fait perdu la veüe, pourqoy elle avoit promis de faire le Pelerinage de la sainte Larme, & qu'estant partie conduisant son fils par les bras & arrivez à deux lieuës de l'Abbaye, à la veüe du clocher elle avoit commandé à son fils de se mettre à genoux, & reciter l'Oraison Dominicale pendant qu'elle invoqueroit le secours de la sainte Larme, & au même instant ledit Michel Prévost se trouva gueri, & fit le reste du chemin sans estre conduit de qui que ce soit, ce qu'ils ont affirmé veritable presens Témoins le 10. May 1669.

Marie-Madelaine de Launoy, Fille de Guillain de Launoy du Village de Ligny sur Canche, a recouvré sa veüe, qu'elle avoit perduë d'une fluxion qui luy estoit tombé sur les yeux, attesté le 24. Mars 1673.

Le 9. Mars 1675. Françoise Tilleu & Michel Rhedon de la Ville d'Amiens, ayant tous deux les yeux notablement tachez, ont fait vœu à la Ste. Larme & s'y estant transportés la derniere fois jour de la Pentecôte de l'année 1680. ils furent tous deux gueris, pourquoy en action de graces, ils ont fait present à l'Abbaye d'un Tableau où ils sont tous deux representez.

Le 3. Juillet 1684. Monsieur Nocolas Pierre le Bel Sieur de Chantereine a declaré que Nicolas son Fils avoit eû durant deux ans l'œil gauche tout perdu, & qu'il avoit employé à ce sujet, tous les remedes naturels & pris les avis des Medecins d'Abbeville, sans pouvoir réussir; Ce qu'il l'a obligé de voüer le Pelerinage en l'Abbaye à l'honneur de la Ste. Larme, le vœu fait, l'Enfant s'est trouvé gueri en peu de jours, ce qu'il a declaré en ladite Abbaye, en presence du Sieur Antoine Boutillier, Marchand de Calais, qui l'a vû dans son mal.

Estienne Fonteine, Fils de Loüis Fonteine, Charon, demeurant à Corbie, ruë des Prez, Paroisse S. Thomas, ayant dans une maladie de plusieurs mois perdu la veüe, nonobstant tous les Remedes dont il s'est servy, elle luy a esté miraculeusement renduë au moment du vœu que ledit Fonteine Pere & luy, ont fait de visiter la Larme Ste. de Nôtre Seigneur Jesus-Christ, ce qu'ils ont sincerement declaré le vingt-quatre Aoust de l'année mil ſept cens vingt, à Reverend Pere François l'Eveſque, Prieur, à Reverend Pere Simon Hardy, Souprieur, & à Pere Loüis Cordonnier, Circateur de l'Abbaye de Ste. Larme, en preſence de pluſieurs Témoins & notamment du Sieur Nicolas Prouzel, Fermier de Monſieur l'Abbé de Croy, & de Jean Labite Mûnier de ladite Abbaye, par un Acte autentique ſigné deſdits Fonteine Pere & Fils, deſdits Sieurs Religieux & des Témoins ledit jour 24. Aouſt 1720.

Je mets fin à tous ces Miracles pour ne pas fatiguer le Lecteur & je laiſſe à en juger d'un infinité d'autres par tous les differens preſens en or & en argent, qui accompagnent le Reliquaire de la Ste. Larme, qui ſont autant de marques & de preuves ſenſibles de toutes les gueriſons miraculeuſes, qu'ont reçûs les Pelerins, qui avec confiance ont viſité & adoré cette Larme précieuſe de Nôtre-Seigneur Jeſus-Chriſt, à qui ſoit gloire & honneur dans tous les ſiecles des ſiecles. Ainſi ſoit-il.

www.ingramcontent.com/pod-product-compliance
Ingram Content Group UK Ltd.
Pitfield, Milton Keynes, MK11 3LW, UK
UKHW012112240726
13965UKWH00004B/1715